Ulrich Schaffer

grün, weil Leben mich durchfließt

Ulrich Schaffer

grün

weil Leben mich durchfließt

Edition Schaffer im Kreuz Verlag

Während du dies liest,
fügen sich ständig die Dinge in dir zueinander,
großartig und mit einer inneren Weisheit.
Es ist das grüne Glück des Werdens,
des sich ausbreitenden Lebens.
Es gibt einen Baum in dir,
der unaufhörlich wächst.
Entdecke ihn.

Grün ist meine Aufmerksamkeit,
mit der ich die Halme des jungen Roggens sehe,
die Kiefernnadeln, den Laubfrosch,
das Moos auf den Steinen,
den Riesenseetang, den Stein am Meer.
Die Aufmerksamkeit schafft Leben,
sie verlangsamt die Welt
und ist atmende Ordnung.

Ich fühle die grüne Flut,
zu der ich gehöre,
in mir aufsteigen.
In diesem unendlichen Reigen
bin ich Geschöpf und Schöpfer zugleich.

Grün ist meine Liebe
zu Gottes grünem Daumen,
zum Wachstum in all seinen Formen.
Ich bin grün, wenn ich den Planeten liebe,
seine Milliarden Tonnen Chlorophyll,
seine Herzhaftigkeit, seine Salate,
seine Kohlrabis und Kräuter,
die stattliche Eiche in ihrem Frühlingsgrün.
In der Photosynthese
kommen alle Farben zusammen
und erzeugen Leben,
das wieder Leben erzeugen kann –
das ist die Energie
des Lichts.

Ich war verloren in mir selbst,
beschwert von Wegen,
die ich nicht gehen wollte, von Gedanken,
die sich nur mit einem Gewicht im Herzen
denken lassen.
Da ließ mich etwas in meinem Innern aufschauen,
und ich sah die Aufrichtigkeit der Tanne
wie zum ersten Mal.
Ich fasste Mut.

Es gibt eine grüne Geste –
ein Arm bewegt sich vorsichtig
und ruft ins Leben.
Es gibt einen grünen Blick –
auch wenn die Augen blau, braun oder grau sind – ,
der ermuntert, zu wagen.
Es gibt ein grünes Wort –
in seinem beschützenden Schatten
macht die Wahrheit einen Schritt vorwärts.

Alles, was ich tue und sage,
soll das, was lebt, fördern.

Wollen wir das Grün wichtig nehmen,
diesen ruhenden Fleck für die Augen?
Man sagt, dass es heilend wäre,
wenn sich die Augen im Grün tummelten,
im hellen Grün der Astspitzen einer Tanne
im Frühling,
in dem rollenden Grün einer Wiese,
unterbrochen von dem Blau, Rot, Orange,
Weiß, Gelb und Lila der Blumen,
in dem Farn, der seine grünen Speere
vom Waldboden in die Luft schleudert.
Die Augen saugen das Grün auf wie Wasser,
sie trinken es wie Leben und werden heil.

Die Dinge
fügen sich
zueinander,
und mit

in dir

ständig

großartig

einer inneren

Weisheit.

Es ist das Glück des Werdens.

Grün ist unser Beten.
In ihm kehren wir unser inneres Wesen nach außen,
schicken unsere Sehnsucht nach Leben
an den grünen Gott, den Erhalter,
lassen uns einmünden in seinen grünen Atem.
Jedes Wort ist ein Versuch, zu leben,
jeder Satz ein Hilferuf,
jedes Buch ein Angebot, das Rätsel zu lösen.
Unsere Beichten sind getrieben
von der Entschiedenheit, Leben zu schonen.

Kannst du so im Gras liegen,
dass es durch dich hindurchwächst,
kannst du so still liegen,
dass du Erdreich wirst
und Blumen auf dir wachsen,
eine jede in ihrer unvergleichlichen Pracht?
Ich rede von der Wiese des Herzens,
von dem Herzen der Wiese.

Dunkelgrün ist der Wald in deinem Herzen,
dieser Ort der Zuflucht,
in dem du aufhörst, dich selbst zu jagen,
und dir erlaubst, auszuruhen.
Besuche den Wald in dir,
dieses Grün-in-Grün-in-Grün.
Jede Nadel, jedes Blatt atmet aus,
was du brauchst.
Es ist so einfach, und du spürst es.
Vielleicht gelingt es dir auch,
dein Leben zu vereinfachen.

Du musst grün werden,
wenn du Sinn finden willst.
Das gelbe Licht und das blaue Wasser
atmen zusammen grün
in der durchsichtigen Luft.
Lass dich vom Leben ermutigen,
deinen Sinn zu setzen,
zu bestimmen, was für dich sinnvoll ist.
Nur du kannst deinen Glauben
mit Bedeutung füllen –
zu glauben, was die andern glauben,
macht dich nicht frei.
Wenn du grün lebst – dem Leben zugewandt –,
findest du den Sinn.

Leben findet Leben,
Sinn findet Sinn.

Höre auf zu glauben,
dass du die Welt kennst –
in deiner Sicherheit verpasst du sie.
Wenn du sie bestimmen willst,
verbrennst du sie.
Lodernd geht sie unter in deinen Vorstellungen.
Die Welt muss grün bleiben:
Farbe des Wachstums, der Erneuerung
und der Überraschung.

Wenn wir das Leben Geheimnis sein lassen,
gefährden wir es nicht.
Wenn unser Wissen die Welt verkleinert,
ist es Todeswissen.
Wollen wir uns zusammen in den Fluss
des grünen Geheimnisses stellen?

Hinter dir – eine grüne Spur.
Es ist dein Leben – seine Wendungen,
seine Abwege, seine Überraschungen
und seine Erfüllungen.
Es ist dein Leben.

Kannst du es lieben,
wie es war, wie es ist?
Kannst du es annehmen
und dich in ihm wohl fühlen,
wie eine Hand im Handschuh,
wie dein Körper in einem alten Pullover?
Sprich mit dir,
lass dich nicht abschrecken von den Fehlern.
Es gibt kein Leben ohne sie.
Noch lebst du, grün und auf eine Ewigkeit zu.
Erkennst du dich?
Es ist nicht zu spät,
Frieden mit dir selbst zu schließen.

Ulrich Schaffer, geboren 1942,
lebt als freier Schriftsteller und
Fotograf in Kanada.

Die Deutsche Bibliothek – CIP Einheitsaufnahme

Schaffer, Ulrich:
grün, weil Leben mich durchfließt / Ulrich Schaffer. – Stuttgart:
Ed. Schaffer im Kreuz-Verl., 1998
ISBN 3-7831-1646-5

© 1998 by Dornier Rechte und Lizenzen AG Zürich
Alle deutschsprachigen Rechte beim Kreuz Verlag
Postfach 80 06 69, 70506 Stuttgart,
Telefon 07 11 / 78 80 30

Texte, Fotos, Konzept
und Gestaltung: Ulrich Schaffer
Layout: Ulrich Schaffer unter Verwendung
des Software-Programms QuarkXPress
Autorenfoto: Gwen Sullivan
Schrift: Ex Ponto
Reproduktionen: Stolz, Stuttgart
Druck: Staib & Mayer, Stuttgart

In dieser Reihe sind erschienen:

 *rot, das Leben lieben*

 gelb, weil ich die Sonne in mir trage

 *blau, wie der Himmel in dir*

 *grün, weil Leben mich durchfließt*